CESAR ROSA

Atenção Silêncio NO AR

UMA VIDA NAS ONDAS DO RÁDIO

CIP-BRASIL. CATALOGAÇÃO NA PUBLICAÇÃO
SINDICATO NACIONAL DOS EDITORES DE LIVROS, RJ

R694a

Rosa, César

Atenção silêncio no ar : uma vida nas ondas do rádio / César Rosa. - 1. ed. - São Paulo : Letras do Pensamento, 2021.

144 p. ; 21 cm.

"Inclui imagens e fotos"

ISBN 9786589344100

1. Rosa, César. 2. Radialistas - Brasil - Biografia. I. Título.

21-72686 CDD: 791.44092

CDU: 929:654.195

CESAR ROSA

Atenção Silêncio NO AR

UMA VIDA NAS ONDAS DO RÁDIO

1ª Edição – 2022 – São Paulo – SP

Letrasdo Pensamento

Diagramação: Leonardo Rodrigues

Capa: Samantha Rosa da Silva

Tratamento de imagens e
fotos das capas: Gabriel Rosa

Revisão: Jaime Rodrigues da Silva

Editor: Cláudio P. Freire.

1ª Edição — 2022 — São Paulo-SP

Letrasdo Pensamento

Rua Eduardo Prado, 28, Casa 1 – Vila Bocaina.
CEP: 09310-500-010 — Mauá — SP
Telefone/Fax: (11) 3107-6501 — (11) 9-9352-5354
Site: www.letrasdopensamento.com.br
E-mail: vendas@letrasdopensamento.com.br

Impressão no Brasil

Sumário

À Dona Rosa, minha mãe, que me ensinou a ouvir rádio, à Margaret, minha eterna musa, e a meus filhos Samantha e Gabriel, que me atualizam sempre.

À Guisa de Apresentação

Cesar Rosa – quem o conhece sabe – tem um talento excepcional como contador de histórias. Ele transporta você para dentro daquele momento que está descrevendo e você vira participante, até cúmplice às vezes. É uma habilidade que poucos têm, o que torna o Cesar a pessoa ideal para, através de sua vitoriosa carreira, contar um pouco da história desse veículo tão pobremente documentado que é o rádio brasileiro.

Eu tive a felicidade de viver junto com o Cesar um momento inesquecível na história desse veículo. Eu diria até um momento revolucionário, se a palavra não estivesse tão desgastada. Nossa participação na Rádio Cidade FM de São Paulo forjou uma amizade que dura até hoje, mesmo com os caminhos divergentes que trilhamos ao longo de nossas vidas. As lembranças daquele tempo são inúmeras, mas deixo a ele a tarefa de contá-las.

Paulo Leite. Jornalista e Locutor. Atualmente trabalha e mora em Washington – DC – nos EUA.

Justificativa

A ideia de escrever este livro nasceu há alguns anos, pela simples vontade de registrar historias que era passadas verbalmente e que certamente quando eu não pudesse mais conta-las entrariam no esquecimento.

Nunca tive a pretensão de fazer uma autobiografia nem tampouco um livro didático sobre o rádio.

Até mesmo porque não sigo uma linha cronológica nem me baseei em pesquisas sobre este veiculo, mas sim em fatos vividos por mim e tantos outros relatos pitorescos contados por amigos radialistas.

Existe pouco material impresso que fale sobre este período da historia do rádio e espero que com este livro eu possa contribuir um pouco para a preservação da memoria radiofônica.

Apesar da gestação deste livro ter começado há alguns anos, ele só veio a ser finalizado na quarentena da pandemia da Covid 19.

Peço perdão aqueles que já conhecem estas histórias e que já ouviu-me conta-las tantas vezes. Aqueles que não as conheciam agora entrarão nelas.

Cesar Rosa

CAPÍTULO 01

UMA VIDA NAS ONDAS DO RÁDIO

A MÚSICA DIZIA "vambora, vambora, olha a hora, vambora..."

A luz vermelha acende indicando que estávamos no ar.

– Em São Paulo seis horas

– Repita.

– Seis horas

Eu estava de novo no ar em São Paulo. Senti naquele momento o coração bater na garganta.

Olhei ao meu redor e me vi novamente naquele estúdio, que mais parece uma nave espacial, disfarcei o nervosismo e comecei ali uma nova fase na minha vida.

Entrava no ar mais uma edição do Jornal da Manhã da rádio Jovem Pan.

Para os meus colegas era apenas mais um jornal que iria para o ar, mas para mim era um novo ciclo na minha carreira que começava.

Uma nova etapa entrava no ar nos meus 55 anos de idade.

E, acredite, senti a mesma emoção da primeira vez, nos meus 13 anos, quando vi aquela inscrição na placa com luz vermelha:

"atenção, silêncio, no ar".

Nunca tive medo de desafios. Sempre enfrentei com coragem a minha missão.

Sentindo borboletas no estômago, naquele momento passou um filme na minha frente.

Lembrei que, mesmo quando eu trabalhava em outras emissoras, era com este programa que eu começava as minhas manhãs.

Ouvindo o "homem do tempo", eu escolhia a minha roupa e dos meus filhos para levá-los à escola. No carro escolhia o melhor caminho, seguindo as informações dos repórteres.

Em 1980, quando entrou no ar a Rádio Cidade, que pertencia ao grupo Jornal do Brasil (portanto tínhamos um farto material jornalístico), era através do rádio que chegavam as notícias da cidade de São Paulo, que eu veiculava no ar.

Os estúdios eram ao lado da sucursal do JB em São Paulo, na Avenida Paulista, mas as notícias locais eram retiradas da "rádio escuta", hábito usual na época.

Nem sonhávamos com Internet, então o redator ouvia o Jornal da Manhã, daí o termo "rádio escuta", e dava o seu toque pessoal nas notícias que iam ser divulgadas no meu horário.

A Cidade FM reformulou a linguagem no rádio da época. Um jovem recém-formado em jornalismo e "foca" da redação do jornal, sem que se desse conta, transformava o texto sisudo em algo que até hoje é usado no ar.

Voltando a falar da Cidade, o locutor Rony Magrini começava o dia com seu bom humor nas manhãs paulistanas. O nosso objetivo era fazer companhia, com boa música e pitadas de informação.

O formato, hoje muito usual, era diferente para a época. Tinham cinco blocos de músicas em uma hora. Ao final de cada um, entrava uma notícia, que seguia um roteiro elaborado em conjunto com a direção artística e jornalismo.

Aliás, vale um adendo: o formato até hoje usado nos noticiários foi desenvolvido pelo gênio criativo do recém-formado em jornalismo Luiz Henrique Romangnoli, hoje um executivo bem-sucedido no jornalismo e marketing.

Nessa época, ainda não existiam as segmentações nas emissoras como temos hoje.

A programação musical era uma colcha de retalhos: tocava MPB, rock, disco, flash back, enfim agradava a todos os estilos de ouvintes. O que norteava a rádio era o bom gosto.

O time era formado pelo Roni Magrini, às 10h eu entrava no ar, seguido pelo Paulinho Leite (Velho Milk), às 18h tinha um resumo das músicas mais pedidas do dia, com o Sucesso da Cidade apresentado pela Celene Araújo. Beto Rivera encerrava, às 2h, a madrugada da Cidade.

Tivemos vários outros colaboradores, como Edmir Rabelo, Bob Floriano, Vini França, Henrique Terra, Tavinho Ceschi e outros tantos, que emprestaram seu talento para o sucesso daquela rádio.

Hoje quando chego à Paulista, para apresentar o Jornal da Manhã, o dia está amanhecendo. Vejo as portas de aço se abrindo, gente andando apressada, e sempre vem a lembrança da minha infância e os contrastes e semelhanças daquilo que foi meu início no interior.

O sol ainda nem tinha nascido.

Alguns sons familiares davam conta de que um novo dia estava começando.

O barulhinho de café passando pelo coador e caindo no bule misturava-se com cheiro de comida sendo preparada.

Era cedo, mas minha mãe tinha que preparar o almoço dos meus irmãos que iriam trabalhar na roça.

Nessa época, o trabalho na cidade era escasso e muitos jovens ganhavam o pão de cada dia enfrentando o serviço braçal. Eles só iriam comer lá pelas dez horas da manhã, daí o apelido de "boia fria", numa triste referência ao fato da comida que era preparada tão cedo ficar fria na hora de comer.

Eu tinha o privilégio de continuar na cama; afinal, era o caçula e minha obrigação (a de ir para o colégio) só começaria mais tarde.

Era inverno, as noites eram longas, e quando o sol começava a sair era outro astro que me acordava. Sua majestade o Rádio.

Vinha dali, do rádio, o som que me despertava. Aos poucos, timidamente, ia ganhando volume e a movimentação começava...

"Clic": era o rádio sendo ligado... E lá vinha o locutor chamando todo mundo: "olha a hora, 5 e 25..., "ô gordo, ainda não levantou? "

"Rufino! Joga água nele".

Rufino era o operador de som que parecia se divertir com aquele pedido e jogava água.

Eu ria sozinho na cama...

Rufino! Joga mais água...

E ao som do **Zé Béttio** começava mais um dia. Quase todos os moradores da minha casa iam para o trabalho e eu, o caçula de 7 irmãos, me preparava para ir ao colégio.

Naquela época, a curiosidade infantil era muito aguçada em mim. E misturada com a inocência acabei por fazer o que minha mãe definia como "arte". Mas não aquela de expressar dotes artísticos, mas sim a de fazer estripulias.

Sempre que acabava um programa, eu ficava olhando para o rádio, imaginando para onde iriam todas aquelas pessoas. Será que elas eram minúsculas e moravam dentro do rádio?

Um dia - que não teve aula - eu, tomado de curiosidade, peguei uma chave de fenda e abri a parte de trás do rádio, para poder ver os homenzinhos lá dentro.

Que decepção. Não tinha ninguém!

Levei uma bronca da minha mãe, pois tinha feito toda a operação com o aparelho ligado.

Não me feri, mas levei um choque de qualquer forma, pois em vez de uma pequena cidade eu vi dentro do rádio um monte de válvulas e transistores.

Corriam os anos 60, eu não entendia bem o que estava acontecendo com o país. Mas existia um medo velado.

Conversas ao pé do ouvido.

Eu tinha medo de uns tais comunistas, que comiam criancinhas.

Lembro-me bem de cantar o Hino Nacional antes de começar a aula. E os professores sempre atentos ao cumprimento de suas ordens.

O sol já dominava o dia e o controle do rádio em minha casa trocava de mãos.

Minha irmã, que durante 10 anos foi a caçula, até a minha chegada, portanto a mais nova dos outros 6 irmãos, não gostava do Zé Béttio e sempre aproveitava um descuido da minha mãe, para tirar da Record. E mudava para a Tupi, onde o Eli Correia dava o seu grito de guerra:

"Oiiiiiiii geeeennnnnnte"....

Estávamos em plena ditadura militar, nos idos de 1969.

No grupo escolar, seguíamos uma rotina rígida: formavam-se filas para entrar na classe, cantava-se o Hino Nacional... e começava a nossa luta, rumo ao futuro.

Muitos daqueles meus amigos não chegariam ao final daquele ciclo de estudo.

Seriam deslocados para outros afazeres, para ajudar na renda de suas casas, sempre muito simples.

O dinheiro era pouco e toda ajuda bem-vinda.

Tínhamos um currículo escolar invejável, com aulas extras de Francês e Música. Vale lembrar que tudo isso num colégio público.

Esse conteúdo mais tarde iria se mostrar muito importante na minha formação e de todas aquelas crianças.

Depois de um ciclo de quatro horas na escola, vinha a alegria do retorno para casa.

Quando chegava eu encontrava minha irmã, ajudando minha mãe na labuta doméstica, e era dela o controle sobre a estação de rádio que alegrava o ambiente.

Naquela época era muito comum o rádio ocupar lugar de destaque na sala das casas.

A TV ainda era para poucos.

Aqueles que tinham um televisor dividiam a audiência com os vizinhos, onde várias famílias se reuniam para assistir à programação.

Desse costume surgiu a expressão "Televizinho".

A ditadura corria solta, mas alguns artistas driblavam a censura.

Um dos sucessos que se ouviam no rádio nesta época era Wilson Simonal, cantando "moro num país tropical, abençoado por Deus e bonito por natureza".

Em 1969, viveu-se um período de contradições, de transição, de mudanças.

Nos cinemas, Glauber Rocha lançou um de seus clássicos, "O dragão da maldade contra o santo guerreiro".

Mas 1969 foi, principalmente, o ano de "Macunaíma", de Joaquim Pedro de Andrade.

Até então, acreditava-se que o cinema brasileiro era uma ideia na cabeça, uma câmera na mão e uma plateia vazia. "Macunaíma", que trazia o humor de Grande Otelo, o talento de Paulo José e o inacreditável carisma de Dina Sfat, reconciliou o Cinema Novo com o grande público.

Nas cidades do interior sempre tinha uma ou duas salas de cinema. Mas o que imperava eram os filmes "água com açúcar", ou o "espaguete western", o bang bang à italiana .

Cineastas politizados lançavam seus filmes, que nem em sonho chegavam por aqui.

Fui tomar conhecimento do trabalho do cineasta grego Costa Gavras muitos anos depois, quando a censura já se abrandava.

Até porque ninguém queria ou evitava entrar em linha de choque com o governo militar.

Minha escola era próxima, e eu demorava pouco tempo pra chegar em casa.

Dava tempo de ouvir com minha irmã as novidades da época.

Ela não era politizada, mas era atenta ao que acontecia no mundo da música e do rádio.

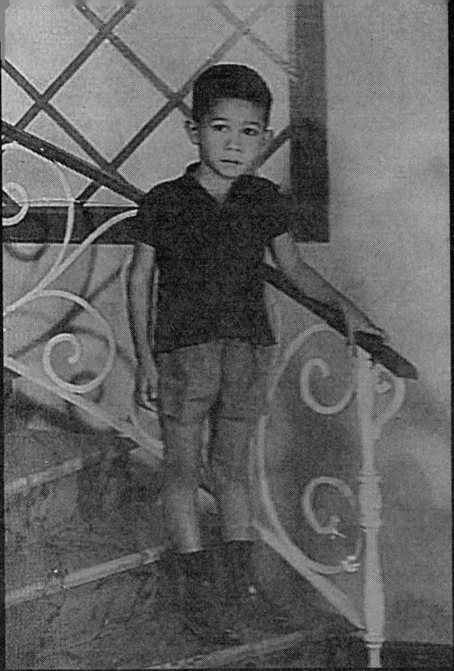

Aos três anos, primeira pose

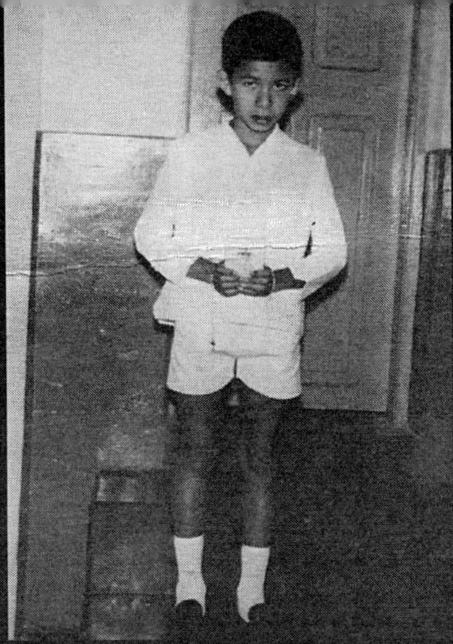

Aos 9 anos, primeira comunhão

Aos 15 anos, primeira Self

Aos 18 anos, primeiros passos ao futuro

CAPÍTULO 02

OS GRANDES ÍDOLOS

Vários eram os "monstros sagrados" daquele veículo.

Os mais elitistas eram Walter Silva, o pica-pau, Enzo de Almeida Passos, Vicente Leporace e seu trabuco e o popular Barros de Alencar, com seu programa matinal.

Não tínhamos aparelho de TV em casa – mas quem precisava – se tínhamos um bondoso "televizinho", que dividia aquela maravilha com a gente:

"Beto Rockfeller", de Bráulio Pedroso, enterrou de vez os dramalhões recheados de ciganas, príncipes coroados e heróis justiceiros, para eleger, como galã, um vendedor de sapatos, que se passava por rico na alta sociedade paulistana.

Daí para a frente, as novelas nunca mais foram as mesmas.

Jorge Amado lançava "Tenda dos Milagres"; o disco anual de Roberto Carlos trazia "As curvas da estrada de Santos" no repertório; o "Jornal Nacional" foi ao ar pela primeira vez.

Apesar da ditadura, o Brasil era "um país tropical, abençoado por Deus, bonito por natureza" e com uma atividade cultural que faz os anos 2000 morrerem de inveja.

Talvez pelo fato de não termos TV em casa, ou pelo hábito, o que acredito ser o que mais se encaixa na minha história, eu sempre preferi o rádio.

Achava fantástico o exercício diário de ouvir aquela narrativa e compor as imagens. Aquelas vozes exerciam um fascínio na pequena casa de dois quartos, sala e cozinha. O som ecoava com facilidade por toda ela.

O rádio era grande – ou eu que era pequeno – e ficava na sala. Nem se pensava em aparelhos portáteis.

Um sofá vermelho de três lugares e duas poltronas completavam a decoração simples, ao lado da estante, que recebia o rádio.

Se por um lado a casa era pequena, o quintal era grande, com horta e frutas.

Lá do fundo dava pra ouvir:

"abrem-se as cortinas e começa o espetáculo. Que o manto azul de nossa senhora cubra com sua glória o nosso escrete canarinho... é fogo torcida brasileira".

Era mais ou menos assim que Fiori Gigliotti começava a transmissão da copa do mundo no México em 1970, em um pool de emissoras lideradas pela Bandeirantes, Record e Jovem Pan, em que a cada quinze minutos um locutor diferente narrava uma etapa do jogo.

Alguns poucos privilegiados puderam assistir à conquista do Tri brasileiro em transmissão a cores.

Aquele foi o primeiro mundial transmitido ao vivo, via satélite. Mas é bom lembrar o seguinte: o Brasil tinha 90 milhões de pessoas e eram quatro milhões de aparelhos de televisão. Ou seja, a maioria da população ainda acompanhou a Copa pelo rádio.

A música de Miguel Gustavo que virou hino da seleção começava assim: "Noventa milhões em ação, pra frente Brasil...". Eram 90 milhões de brasileiros torcendo pela seleção brasileira. Mas, de acordo com dados dos fabricantes de TV, o país tinha pouco mais de 4 milhões de aparelhos de televisão.

Ou seja: mesmo com as transmissões ao vivo, a maioria da população ainda acompanhou a Copa pelo rádio. Uma nota do Estadão destaca que, assim como a TV, para o rádio também foi formado um pool de transmissões, já que foram abertos, a partir do México, apenas cinco canais de áudio. Destaque para a *Rede 4*. Joseval Peixoto, da Jovem Pan, narrou o segundo tempo da histórica final da Copa de 1970.

Cada um, a sua maneira, mexeu com o nosso imaginário.

Tive o privilégio, na minha carreira, de conhecer e trabalhar com o Fiori, na Bandeirantes, e com o gentleman Joseval Peixoto, na Jovem Pan. Foi através do seu estilo inovador que eu vibrei com o título de 70 no México.

Coube a ele, Joseval, narrar os 15 minutos finais daquela final e todos os gols da partida vitoriosa do Brasil no México.

Desde a primeira transmissão – pioneira de uma partida de futebol por Nicolau Tuma, em 19 de julho de 1931 -, grandes nomes se destacaram como grandes locutores esportivos. Muitos fazendo um lance ser mais bonito do que realmente era.

Sempre com seus estilos inconfundíveis, despertaram paixões e continuam a encantar multidões com a sua arte.

A seleção brasileira de Zagallo – Tostão, Gérson, Rivelino, Pelé e muitos outros, não deu chance aos adversários, atingindo seis vitórias em seis partidas. No último jogo, brasileiros e italianos decidiriam quem ficaria definitivamente com a taça Jules Rimet.

O Brasil venceu a Itália por 4 a 1 e o estádio Azteca foi invadido pela torcida. Pelé chegou até a ganhar uma placa no estádio, que afirmava que o jogador é "um exemplo para a juventude do mundo".

O super time do Brasil passou para a história como a melhor seleção de todos os tempos. Marcaram na final: Pelé, Jairzinho, Gérson e Carlos Alberto Torres, este último numa bomba, aos 42 minutos do segundo tempo, que deu início à festa do terceiro mundial ganho.

Todos na minha pequena cidade saímos pelas ruas pulando e cantando:

"90 milhões em ação, pra frente Brasil, salve a seleção".

Era muita alegria e pouca idade pra eu saber que nos porões muitos sofriam com as torturas da ditadura.

Vamos recordar alguns fatos de 1973, ano em que comecei no rádio

• Richard Nixon toma posse do seu segundo mandato como Presidente dos Estados Unidos.

• Golpe militar liderado pelo General Augusto Pinochet depõe o presidente Salvador Allende, no Chile.

• Morre Tarsila do Amaral, artista modernista brasileira.

• Os presidentes Emílio Garrastazu Médici do Brasil e Alfredo Stroessner, do Paraguai, em Brasília, assinam o Tratado de Itaipu, para o aproveitamento hidrelétrico conjunto do Rio Paraná.

• General Ernesto Geisel, presidente da Petrobras, é lançado candidato a presidente do Brasil.

• O voo RG-820 da Varig faz um pouso forçado devido a fogo num toalete e cai em Paris, França, deixando 122 mortos.

• Elizeth Cardoso emplacava dois sucessos, Eu Bebo Sim e Naquela Mesa,

• Demis Roussos partia para a carreira solo com Forever and Ever,

• o brasileiro Eumir Deodoto lança, nos EUA, seu disco Also Sprech Zaratrusta,

Praça 7 de Setembro, nos anos 60. Ao fundo, o Cine Santa Cecília e, no andar de cima, a Rádio São Joaquim AM

Narrador esportivo Carlos Batista (atualmente na Band Campinas) em frente a rádio São Joaquim nos anos 70

CAPÍTULO

03

FATOS E BOATOS

Assim como as histórias reais, alguns fatos ou boatos marcam a vida do rádio no Brasil.

Não sei onde se encaixa o que vou contar, mas faz parte do imaginário que envolve o rádio.

Prefiro omitir nomes pra não cometer injustiças, mas tem uma versão ouvida várias vezes em reuniões descontraídas de locutores, entre um gole e outro, que vale o registro.

"Diz a lenda" que uma emissora anunciou a transmissão de uma famosa luta de boxe, vendeu patrocínio e prometeu um show de transmissão.

Por problemas técnicos, a equipe que iria transmitir não pode viajar para a Inglaterra, de onde iriam transmitir a luta. Mas a direção preferiu manter o prometido.

Surgiu uma ideia que mais tarde seria muito usada: transmitir pelo rádio, vendo a imagem da TV (hoje muito usual, o OFF TUBE).

Tudo parecia resolvido, até chegar aos ouvidos deles que a televisão também teve problemas e a luta não seria transmitida.

O que fazer?

No quebra-cabeças que se instaurou, surgiu a solução: vamos ouvir a transmissão da BBC de Londres e o narrador vai transmitindo em português.

Depois de montada a parafernália para a transmissão, alguém lembrou que o narrador não sabia uma palavra de inglês.

Corre-corre daqui e dali, pois estava chegando a hora da luta, quando um produtor falou:

"vamos colocar dois estagiários que falam Inglês no estúdio e eles vão fazendo a mímica daquilo que os lutadores fizerem no ringue".

Começou a luta e estava indo tudo bem, *até o momento em que um dos estagiários escorregou e caiu*.

O locutor não titubeou e narrou a queda do estagiário como sendo o boxeador que ele representava.

Do outro lado do vidro, que separava o estúdio do narrador, desesperado, o garoto começou a gesticular sinalizando que tinha sido ele e não o lutador que tinha caído.

Mas, sem perceber, a narração continuou com o locutor dizendo que o lutador não se conformava com o nocaute e já se levantara para continuar o embate.

O outro caiu na gargalhada e assim foi narrado o dia em que o adversário zombou e riu do outro no chão, sem nunca ter acontecido.

São muitas as histórias que se ouvem. Se verídicas ou não, não sei, mas acho que vale o mito.

Outras pequenas gafes também merecem registro.

Um locutor noticiarista leu a notícia de que General Costa iria apresentar seu show na praça dos 3 Poderes. Na verdade, era a cantora Gal Costa. Mas ele entendeu GAL como sendo abreviatura de General. Daí nasceu a lenda.

Numa outra emissora, o locutor se viu em uma saia--justa ao anunciar a música de Chico Buarque, "Atrás da porta", com Elis Regina, e soltou esta pérola:

Elis de chico, atrás da porta.

Caso não tenha feito muito sentido, vale lembrar que, no interior, sabe-se que "Chico" é o mesmo que menstruação. Então imagina a cena.

Outro caso é o do locutor que teria trocado o som e a pontuação: ao anunciar o clássico da MPB *"O teu cabelo não nega"*, falou: *"O teu cabelo não, nêga".*

Outra história famosa no meio radiofônico conta que, em virtude da gravidade da doença do Papa Paulo VI, e com o seu falecimento sendo esperado para qualquer momento, o departamento de jornalismo preparou o obituário do pontífice, ou seja, um texto anunciando a sua morte.

Por uma falha de comunicação entre as agências de notícias, a morte foi anunciada e o locutor começou a dar o obituário. Mas o fato foi desmentido e o apresentador, sem saber o que fazer, saiu-se com esta: interrompemos o nosso noticiário, pois *infelizmente* o Papa não morreu!

Rádio Tupi

Rádio Bandeirantes

Rádio Record

CAPÍTULO

04

ENCURTANDO DISTÂNCIAS

Assim fui passando a minha pré-adolescência, ouvindo rádio e sonhando que um dia eu estaria ali, do outro lado, falando pra milhares de pessoas.

Até que um dia ouvi na rádio local que iriam fazer testes para locutores.

Bem, falar para milhares ficou sendo um sonho para o futuro, pois a rádio local era uma pequena emissora da minha pequena São Joaquim da Barra. A cidade tinha se projetado no mundo artístico por meio de Rolando Boldrin, Ana Maria Braga e tantos outros. Estes artistas partilharam o mesmo microfone em épocas distintas, mas marcantes na vida da cidade, que se orgulha dos seus filhos que elevaram o nome da cidade no mundo artístico.

Eu nasci em Ituverava, cidade próxima, mas foi em São Joaquim da Barra que vivi desde os 9 meses de idade, portanto sempre me refiro a São Joaquim como minha cidade natal.

O dial do rádio era composto por várias emissoras, apesar de que tínhamos apenas a ZYK 659 como emissora local.

As demais vinham de outras cidades, por ondas curtas e médias.

Do Rio de Janeiro, ouvíamos Rádio JB (Jornal do Brasil), Mundial, Tamoios e Globo. De São Paulo, Bandeirantes, Tupi, Difusora, Excelsior, Jovem Pan, Cultura, Record e Globo, todas em AM.

O FM estava ainda engatinhando. Lembro que, de vez em quando, ouvia uma rádio de Ribeirão Preto, a Diário FM, mas sentia falta dos locutores, pois ela, para fazer jus ao som "stéreo", só tocava músicas.

Pela localização geográfica e também por causa de uma barreira natural – uma pedreira de basalto – nós recebíamos o sinal de apenas duas emissoras de TV.

A Tupi e a Cultura, que ainda não era estatal, e sim do grupo Emissoras Associadas, que além das TVs tinham vários veículos de comunicação, entre eles rádios, jornais e TVs, pertencentes a ***Assis Chateaubriant***.

Para nós joaquinenses, o artista só era consagrado se estivesse nestes veículos, pois este era o nosso universo.

Mal sabíamos da existência dos globais.

Bom mesmo era ver Beto Rockfeller na Tupi, Rin Tin Tin na Cultura, Almoço com as Estrelas – programa do locutor e apresentador Airton Rodrigues e sua esposa Lolita Rodrigues – e ouvir temas das novelas da Tupi sendo tocados no rádio.

O ano tinha começado com todo mundo cantando "Bahia de todos os deuses", o samba-enredo que deu a vitória ao Salgueiro no carnaval, e terminou ao som de "Aquele abraço", o samba-saudação que Gilberto Gil deixou ao partir para o exílio em Londres.

Entre uma música e outra, ouviam-se Elis Regina ("Madalena") e Caetano Veloso ("Atrás do trio elétrico").

Ainda era tempo de festivais de música popular brasileira.

Mas eles não conseguiam deixar de disfarçar que já estavam em decadência. Paulinho da Viola mostrou a obra-prima "Sinal fechado" e ganhou o Festival da Record.

E o Festival Internacional da Canção deu o Galo de Ouro para "Cantiga por Luciana", embora todo o Maracanãzinho torcesse por "Love is all", representante da Inglaterra, na voz de Malcolm Roberts.

Foi em 1969 que surgiu "O Pasquim", o que fez com que as palavras "putz" e "duca" fossem incorporadas ao vocabulário brasileiro e – embora ainda se acompanhasse o concurso de Miss Brasil (Vera Fisher ganhou o título para Santa Catarina naquele ano) – Leila Diniz se transformara em musa nacional.

Foi o ano de "Woodstock", mas, no Brasil, a filosofia hippie chegava na montagem de "Hair", musical estrelado por Aracy Balabanian, Altair Lima e Armando Bogus, e que tinha, no elenco de apoio, os novatos Sonia Braga, Ney Latorraca e Nuno Leal Maia. O Prêmio Molière foi de Marília Pêra, na pele da solteirona de "Fala baixo senão eu grito", de Leilah Assumpção. Mas 1969 ficará para sempre na História como o ano em que Cacilda Becker, então a maior de nossas atrizes, teve um derrame cerebral fatal durante uma sessão de "Esperando Godot".

Mas vamos dar um pulo no tempo.

CAPÍTULO 05

DESPEDIDO SEM TER SIDO CONTRATADO

Corria o ano de 1973. Ditadura Militar no Brasil. Médici era o presidente brasileiro.

Golpe no Chile, Allende assume o poder e governa com mão-de-ferro.

É assinado em Paris o cessar fogo entre EUA e Vietnã.

A moda era a calça boca de sino.

A musa, Darlene Glória.

O ídolo esportivo, Emerson Fittipaldi.

Na vitrola, rodavam os Secos & Molhados.

Nos meus 13 anos, minha voz já estava mais pra adulta do que pra adolescente.

Apesar de em alguns momentos ter pequenos deslizes, como o dia em que na padaria pedi dois pãezinhos – com um grave de fazer inveja aos melhores locutores - e, na sequência, sem querer, pedi uma rosca – com voz que mais parecia um cacarejado de franguinho – que me deixou todo vermelho.

No dia marcado, lá estava eu pronto para o teste.

Não tinham estúdio de gravação e o teste era no mesmo estúdio da transmissão ao vivo.

Com a cara e a coragem, entrei no ar.

O responsável pelo teste e pela minha entrada no rádio gostava muito de uns goles. Sérgio Tupinambá, um veterano e experiente locutor que havia retornado à cidade. Ele era o "speaker" do horário.

Não pensou muito e disse: "fica aí fazendo o teste, que vou lá embaixo te ouvir". Qual o quê, ele foi mesmo era no barzinho do lado.

E eu no ar. Seguindo as ordens do operador. Lendo os anúncios e chamando as músicas.

Até o momento em que chegou uma senhora e disse: "quem é você? "

Ela era a ***Dona Nuca***, simplesmente a dona da rádio, que invariavelmente se vestia de saia cinza até os joelhos, camisa branca, de mangas curtas, com bolsos, onde transparecia o maço de cigarros Continental sem filtro, que lhe dava um ar de austeridade.

Ela, sem pestanejar, olhou pra mim e disse: "está despedido".

Fui demitido antes mesmo de ser contratado.

Tudo não passou de um momento de fúria pela irresponsabilidade do meu padrinho de profissão.

Dona Nuca foi buscá-lo no botequim e o trouxe de volta para o estúdio, me chamou na sala dela e disse:

"você tem talento, moleque, começa amanhã".

Os programas que eu apresentava eram sempre para um público bem mais adulto que eu. Dona Nuca não gostava de música internacional, portanto só tocávamos música brasileira. Mas tinha um agravante: não podíamos tocar nada que criasse problemas com a censura. Então travei conhecimento com as serestas, bregas, sertanejas. O som dos Beatles só aparecia por causa de uma manobra, minha e de meu amigo até os dias de hoje - Dodô - que também trabalhava na rádio como sonoplasta e programador musical.

A gente fingia que era fundo musical e tocava um pouco o som dos caras de quem éramos fãs.

Ela se assustou, quando descobriu minha idade, mas aí já havia passado muito tempo.

Não era só a minha voz que parecia ter mais idade. E tudo foi assim, meio precoce na minha vida.

Com o sonho vivo e mirando o futuro, o rádio era quase que uma brincadeira, pois com o salário que era pago mal dava pra comprar alguns discos.

Os Long Plays (LPs) eram caros e eu me contentava com os compactos. Se fossem os simples vinham com duas músicas, sendo uma de cada lado.

Os duplos, como diz o nome, tinham duas músicas de cada lado, geralmente extraídos do LP, pra agradar os menos abastados.

Eu trabalhava em escritório de contabilidade pra ganhar o sustento. Nas horas de folga, ou durante o almoço, eu apresentava programas no rádio.

Mas confesso que nunca fui bom com os números, até porque, no escritório em que trabalhava, eu deixava o rádio ligado na Bandeirantes, para ouvir o programa do ***Hélio Ribeiro***, "O Poder da Mensagem", que era seguido do "Programa da Tarde", apresentado por ***Ferreira Martins***.

E ficava prestando muito mais atenção nas traduções de músicas feitas pelo Hélio do que na escrita fiscal.

Mais tarde o contador veio a descobrir os meus "pequenos" deslizes.

Ao invés de escrever o nome do fornecedor nos livros de lançamento, eu escrevia coisas que o locutor tinha falado no rádio.

CAPÍTULO

06

SAINDO DA ZONA DE CONFORTO

Do Ferreira Martins herdei o jeito de pronunciar as palavras com ênfase nas sílabas finais, talvez pra não marcar tanto o jeito caipira de falar. E também o jeito carinhoso com que ele falava aos seus ouvintes.

Lembro muito bem dele dizendo:

Com o perdão de todos que estão ouvindo o programa da Tarde, esta aqui é só pra você, feia.

E todas ficavam lisonjeadas, pensando que era especialmente só para ela.

Cada um foi me emprestando um pouco dos seus talentos, alguns mais outros menos, mas todos, sem exceção, têm uma parcela na minha vida dedicada ao rádio.

Sim, uma vida, pois, desde o primeiro dia que entrei no ar, nunca mais parei. São 47 anos ininterruptos ligados ao rádio.

Do início, em São Joaquim da Barra, passei por Orlândia-SP, onde vivi uma experiência nova, que estava sendo trazida para o Brasil, que mais tarde viria a ser o jeito de fazer FM, em que o locutor operava a própria mesa de som.

O proprietário da ORC (Orlândia Rádio Clube), Sr. Antônio Martins, era do Rotary e, em uma viagem aos EUA, ele viu, gostou e implantou na sua rádio.

Talvez como forma de conter gastos e, ao mesmo tempo, melhorar o salário dos apresentadores, que exerciam duas funções ao mesmo tempo.

Entre tantas lembranças da minha passagem por ali, lembro que o Sr. Martins, homem muito correto e respeitador das leis, muito embora fosse contra o regime, não deixava transparecer a nossa vontade.

O filho dele - Chester - também atuava na rádio. Isto facilitava um pouco a nossa escolha musical.

Mas certa vez ele, o dono, entrou no estúdio, pediu o disco que estava tocando, colocou um esparadrapo na faixa e disse: "Não toca mais. Você quer que os homens venham aqui e fechem a minha rádio? Você *quer virar Vladmir Herzog?* "

A música era Cartomante, do Ivan Lins e Vitor Martins, e a letra descrevia a queda do rei de espada, do rei de ouros... na voz de Elis Regina.

Foi um grande aprendizado.

Entrei pra Faculdade UNAERP de Ribeirão Preto, no curso de Propaganda e Marketing. Tive que me mudar pra terra do Chopp.

A faculdade tinha uma emissora de rádio, a Renascença. Comecei a trabalhar na emissora, com emprego arranjado por um amigo em comum com o diretor da emissora na época.

Fiquei fascinado com esse novo mundo: afinal Ribeirão era a Meca do Rádio para o interior paulista.

Ganhava bem mais do que nos empregos anteriores e ainda tinha uma bolsa de estudos.

Naquela época, no primeiro ano de estudos, que era chamado de propedêutica, reunia vários cursos na mesma classe.

Daí que eu, estudante de publicidade, conheci e estudei com o jornalista José Luís Datena, hoje na TV Band, Heraldo Pereira, da Globo e com o advogado Roberto Tardelli, hoje na promotoria em São Paulo, atuante em casos famosos.

Depois do aprendizado em Ribeirão Preto, nem tanto pela faculdade – que era e é muito boa -, mas sim pela vivência na rádio e nos estúdios de gravação, eu resolvi ir para São Paulo.

A concorrência pela audiência no interior ainda era pequena e não tinham os institutos de pesquisa. Então ficava por conta do feeling.

As emissoras permitiam que seus funcionários exercessem funções múltiplas, desde jornalismo, locução, vendas e assim, sem perceber, fui me moldando para enfrentar o competitivo mercado da capital.

Em função da concorrência, sempre acirrada, em que cada um tem sua função definida, o fato de vir preparado do interior aumentava as chances de me destacar.

Rádio Difusora – O som alegria da cidade

Rádio Excelsior – A máquina do Som

Rua das Palmeiras, endereço da Excelsior, com obras do metrô nos anos 70

CAPÍTULO

07

A MÁQUINA DO SOM

Numa manhã da primavera de 1979, meu colega de rádio e amigo, Marco Moura – ele era o programador musical e sempre demonstrava admiração pela minha dedicação e promissor talento no rádio – me esperava na saída da sala de aula. A rádio era dentro da própria faculdade.

Mal saí e ele me disse: se prepara, chegou sua chance de ir pra São Paulo.

Ele ficara sabendo que Jorge Chamberlain, um locutor que tinha ido pra Excelsior depois de passar uma temporada por Ribeirão Preto, estava voltando para o interior e a emissora paulista iria contratar um novo locutor.

Jorge Chamberlain foi o nome artístico adotado por Jorge Silva, pois a voz dele era muito parecida com a do Chapelain. Ele não gostou do apelido, mas, toda vez que a pessoa não gosta, o apelido gruda.

Como não tinha nada a perder, liguei para o diretor da rádio Excelsior.

Do outro lado atendeu uma voz que me fez tremer: *"Antônio Celso, pois não"?*

Além de diretor, ele era a voz padrão da rádio e uns dos melhores locutores do Brasil e eu seu fã.

Falei da minha vontade de ir pra São Paulo e ele marcou um teste.

No dia marcado fui para a Rua das Palmeiras, no bairro de Santa Cecília, endereço que eu sabia de cor, pois ouvia a rádio todos os dias.

Para minha surpresa, chegando lá, tinha uma fila gigantesca de interessados na vaga.

Dei meia volta e fui para a padaria ali perto. Não queria mais fazer o teste, pois pensei que seria apenas eu a fazê-lo. Talvez um misto de indolência e autoconfiança.

Apesar da insistência do Marco pra eu voltar e fazer o teste, eu estava renitente. Só voltei atrás quando um rapaz disse: *quem é o César de Ribeirão?* Estamos esperando para fazer a gravação, e tem que ser agora, pois já vai terminar a Voz do Brasil.

O que tinha a Voz do Brasil com o teste?

Mais uma vez estava eu usando o estúdio do ar pra fazer um teste.

O rapaz que foi me chamar era operador e irmão do Antônio Celso. O Cipolla, sobrenome da família.

Como não sabia que era impossível, fui lá e fiz o meu melhor. Mas não vi e nem falei com o Celso. Disseram que ele não estava.

Pensei comigo: dei o meu melhor e nem vou ser ouvido pelo meu ídolo.

O Antônio Celso estava na sala dele ouvindo tudo. Ao final do teste, ouvi uma voz saindo nas caixas de som: pede para o Leão descer aqui. Era assim que ele se referia às pessoas: Leão.

Eu estava mais para Urubu que pra colibri. Desci. Lá estava ele. Contratou-me para início imediato. Pedi uns dias para colocar a casa em ordem.

E, naquele fim de primavera de 1979, o precoce chegava a São Paulo para trabalhar no Sistema Globo de Rádio.

Tranquei a faculdade e fui de mala e cuia pra enfrentar a pauliceia.

Para mim era um sonho sendo realizado. Mas tinha um preço a ser pago. Deixava pra trás a vida pacata do interior.

Lembro da minha irmã – aquela que era a "dona" do rádio – chorando quando eu parti pra cidade grande.

Lembro também da música do Lulu Santos, Minha Vida:

"Quando eu era pequeno, eu achava a vida chata
Como não devia ser.
Os garotos da escola, só a fim de jogar bola
E eu queria ir tocar guitarra na TV.
Aí veio a adolescência e pintou a diferença
Foi difícil de entender

A garota mais bonita, também era a mais rica
Me fazia de escravo do seu bel prazer
Quando eu saí de casa minha mãe me disse:
Baby, você vai se arrepender

Pois o mundo lá fora num segundo te devora
Dito e feito, mas eu não dei o braço a torcer.
Hoje eu vendo sonhos, ilusões de romance
Te toco, minha vida por um troco qualquer
É o que chamam de destino, e eu não vou lutar por isso

Que seja assim enquanto é".

Equipe da Cidade FM , foto feita no Heliponto no dia 24 de janeiro de 1980, véspera da inauguração da rádio.

Em pé:

Carlos Lemos, diretor do JB, Luiz, operador de áudio, Luiz Antonio, contato comercial, Luiz Henrique Romangnoli, jornalista, Celene Araújo, locutora, Paulo Leite, locutor, Cesar Rosa, locutor, Rubinho Cruz, locutor, Clever Pereira, diretor de rede, Dulce Magalhães, secretária, Rosa Jornalista, Edson Goulart, contato comercial, Coelho, Contato comercial, Perrone, diretor comercial, Barradas, engenheiro de som, Décio Matos, sócio.

Agachados:

Rony Magrini, locutor, Edmir Rabelo, locutor, Carlos Towsend, coordenador artístico e Beto Rivera, locutor.

CAPÍTULO

08

DESCOBRINDO SÃO PAULO

Em Ribeirão Preto, morei em república de amigos. Logo quando cheguei fui recebido pela avó de João, um grande amigo, e me senti em casa.

Depois fui para uma república, também no meio de amigos. Não eram do meio radiofônico, mas torciam pelo meu sucesso. Eles me achavam o melhor locutor do mundo.

Como era bom aquele tempo.

Mas eu tinha um novo desafio. Ser um príncipe em terra de rei. Este era meu Norte. Fui morar na pensão da Dona Nega, local indicado pra todos os novatos que chegavam do interior.

Rua Barra Funda, ao lado do Teatro Dom Pedro. Ali pude assistir a grandes espetáculos do teatro. Calabar, do Chico Buarque, entre outros. Mas também sofri com a adaptação numa cidade tão grande e com tão poucos conhecidos.

Tudo era novo e bom. Mas distante do meu porto seguro.

O meu conforto é que, ao sair do ar na Excelsior, eu andava algumas quadras, chegava na pensão e encontrava uma carta, todos os dias, da namorada que tinha deixado no interior.

Nos dias de hoje falar em carta é algo tão distante. Mas era assim, ou carta ou falar com ela com fichas telefônicas, na Telesp da 7 de Abril. Onde eu morava não era permitido usar o telefone.

Era bom porque eu ouvia a sua voz, mas junto vinha o sinal das fichas caindo.

Falava-se rápido, pois o tempo das fichas era curto. Juras de Amor e promessas para um futuro próximo.

Hoje damos risada deste tempo, brincando com WhatsApp e outras redes sociais.

Nesta mesma pensão tive o privilégio de morar com um amigo e colega de trabalho, o Sérgio Bocca, que na época era um dos locutores recém-chegados do interior – ele vindo de Assis-SP – que mais tarde ia se tornar um dos ícones do FM romântico.

Trabalhar na Excelsior era uma meta cumprida. Mas estava surgindo um novo rádio, o FM.

Até então falar para o público jovem paulista era tarefa para as AM Excelsior e Difusora.

Precedendo as futuras rádios FMs, a Excelsior criou uma programação totalmente direcionada para o público jovem e focada em sucessos da música pop da época. Competindo diretamente com a Difusora, a Excelsior era supervisionada pelo radialista Antônio Celso, autor do slogan *"Viaje com a Excelsior, a Máquina do Som"*. Entre programas emblemáticos dessa fase, durante a década de 1970, estavam o *"Pediu, Tocou, Ganhou"* e o *"Peça Bis Para o Sucesso"*, que contavam com a participação de ouvintes, via carta ou telefone. O repertório baseado em sucessos do momento, nacionais e, majoritariamente, internacionais, seria mantido até a metade de 1980, momento no qual Antônio Celso se desligou da emissora e ela passou a adotar uma nova programação.

A outra emissora jovem era propriedade dos Diários Associados, a Rádio Difusora AM, liderada por Cayon Gadia. Tinha programação segmentada para público jovem e baseada em sucessos da música pop. Sua principal rival era a então Excelsior AM.

Em 1978, quando foi instaurada a frequência modulada no Brasil, os Diários Associados conseguiram uma concessão para a Difusora na frequência 98.5 MHz, que se tornou a primeira emissora na cidade de São Paulo a operar exclusivamente em FM.

A programação Jet Music da Difusora AM foi movida para a nova Difusora FM.

Em 1981, tanto Difusora FM, 98.5 MHz, quanto a Difusora AM 960 kHz, foram lacradas em razão da falência das emissoras da Rede Tupi na capital paulista.

Tive o privilégio de conviver nessa época com nomes consagrados destas emissoras: Cesar Foffa, Jorge Helal, Antônio Viviani, Kaká, Dedé Gomes, Sérgio Bocca, Cleber Machado – que na época não era locutor ainda –, entre tantos outros.

Vamos recordar alguns fatos de 1980, ano de estreia da Cidade FM

- *Indira Gandhi é eleita novamente primeira-ministra da Índia.*

- *Presidente dos EUA, Jimmy Carter, propõe que americanos e aliados boicotem os Jogos Olímpicos de Moscou, caso os soviéticos não retirem suas tropas do Afeganistão.*

- *Telê Santana é anunciado como novo treinador da Seleção Brasileira de Futebol.*

- *Nelson Piquet vence o GP do Oeste dos Estados Unidos, Long Beach, e Emerson Fittipaldi chega em 3º lugar. É a* ***primeira vitória*** *de Piquet na carreira e o último pódio de Emerson na categoria.*

- *Morte do cineasta britânico, Alfred Hitchcock, mestre do suspense, em Los Angeles, aos 80 anos.*

- *Lançamento do filme Star Wars: O Império Contra-Ataca (Episódio V).*

- *O Papa João Paulo II chega a Brasília, para uma visita a treze cidades brasileiras, que duraria 12 dias*

- *Morte do poeta, escritor e compositor, Vinicius de Moraes, no Rio, aos 66 anos.*

- *Sai definitivamente do ar em sete cidades brasileiras (Belém, Fortaleza, Recife, Belo Horizonte, Porto Alegre, São Paulo e Rio de Janeiro), por ordem de fechamento, a Rede Tupi de Televisão, primeira emissora de TV da América Latina.*

Vamos relembrar alguns hits que tocavam no rádio.

Foi um ano bom pra música brasileira, com a chegada no eixo Rio-São Paulo de nomes já consagrados em outras regiões, como a banda mineira 14 Bis, os baianos da A Cor do Som, os nordestinos Zé Ramalho e Elba Ramalho.

Também fizeram sucesso, neste ano: Alcione, Baby Consuelo. Rita Lee muda de estilo, casa-se com Roberto de Carvalho e consegue a proeza de colocar nas paradas 10 sucessos seguidos do mesmo disco. Foi um ano de festivais: Osvaldo Montenegro, cantou Bandolins, Jessé, Porto Solidão e Amelinha, Foi Deus que fez você.

Muitos outros artistas do Brasil lançaram seus discos e tiveram espaço no rádio que até então tocava maioria de músicas importadas. Ivan Lins era tema do seriado Malu Mulher, com Começar de Novo. Mas os sucessos internacionais dividiam a preferência da audiência; Bandas de rock, Queen (Another One Bites The Dust), Pink Floyd (Another Brick In The Wall), AC/DC (Back In Black).

Mas o ano terminava com uma tragédia no mundo da música: o assassinado de John Lennon, na porta de sua casa, em Nova York. Os fãs estavam com saudades do ídolo, que já estava há um longo tempo sem lançamento, e emplaca vários sucessos desse disco, entre eles Woman.

Esúdio Rádio Cidade, 1980

Adesivo Rádio Cidade

Disco com tema de lançamento da Cidade FM

Margaret e Cesar Rosa, Bob Floriano, Dulce, Flávio Aschar, Rubinho Cruz, Henrique Terra, Luiz Romangnoli, Celene Araujo, Carlos Towsend, Ron Magrini e Laerte, no aniversário de Towsend no estúdio da Cidade.

Foto comemorativa ao aniversário da Rádio Cidade.

Em pé: Cesar Rosa, Ron Magrini, Flávio Aschar, Paulinho Leite

Agachados: Carlos Towsend, Bob Floriano, Tavinho Seschi e Celso Giunti

CAPÍTULO

09

A CIDADE INVADE A CIDADE

O FM ainda era elitista. O aparelho era caro, os jovens não tinham poder aquisitivo para tanto. Quem detinha o poder sobre o dial eram os pais.

A programação musical era adulta, mas algumas poucas emissoras arriscavam o segmento jovem. Talvez porque os donos das emissoras não acreditassem que as FMs pudessem virar um nicho de negócios. Mas alguns filhos destes começaram a tomar a frente e surgia um novo estilo de rádio.

Estávamos chegando ao final de 1979, vivíamos a primavera brasileira. Parecia que tudo se encaminhava para mais um final de ano normal.

Mas uma notícia chacoalhou o mercado radiofônico: o Jornal do Brasil estava montando uma rádio em São Paulo, igual à Rádio Cidade do Rio de Janeiro, onde eles lideravam a audiência em FM.

O meio rádio ficou em polvorosa. Os testes estavam abertos para os novos locutores. Com a cara e a coragem, fui fazer o teste.

O local escolhido mais tarde viria a ser o endereço de todas as mudanças a serem realizadas no dial da cidade de São Paulo: Avenida Paulista, 1294, 15° andar, sede da sucursal do JB.

Fui conduzido por uma mocinha simpática, a secretária da rádio, Dulce, que mais tarde viria a ser amiga e confidente, a um cantinho improvisado, onde tinha um mini estúdio com um gravador de rolo, um microfone e alguns textos.

Anunciei algumas músicas, li notícias e respondi a um teste escrito. Lembro bem de ter que escrever o nome dos quatro Beatles, falado sobre a música brasileira daquele momento, também sobre variedades, como filmes, Oscar e outras amenidades.

Naquele momento fui apresentado formalmente a um cara que marcaria para sempre a minha vida: Carlos Towsend, o coordenador de todo aquele projeto.

Era um garoto de vinte e poucos anos, mas sabia exatamente o que queria de cada entrevistado. Foram feitos vários testes e apenas alguns escolhidos.

Ele queria pessoas sem vícios de linguagem. Alguns nem sequer tinham experiência como locutores: nascia ali um novo conceito de apresentadores de FM.

Eu trabalhava na Excelsior AM pela manhã e Transamérica FM à tarde.

E foi numa tarde que recebi um telefonema da Dulce, dizendo que eu tinha passado no teste e que iríamos começar um treinamento.

Foi assim o meu final de ano de 1979. Com pouco tempo de São Paulo, eu estava prestes a entrar para a história do rádio.

O time era formado por Paulinho Leite, o velho Milk, que abriria a rádio às 6 horas da manhã, depois eu entrava às 10 horas, o Edimir Rabello às 2 da tarde, Celene Araújo às 6 horas e, às 10 da noite, o Beto Rivera.

A rádio fechava às 2 horas da manhã.

Nesta sequência, treinamos até a exaustão.

O Carlinhos ficava na sala dele ouvindo e corrigindo as falhas. O treinamento era necessário, pois éramos locutores e operadores de áudio ao mesmo tempo, uma novidade pras rádios de São Paulo.

No dia 25 de janeiro de 1980, às seis horas da manhã, ao som de Sampa do Caetano Veloso, entrava no ar a Rádio Cidade. Era aniversário de São Paulo. O locutor Paulinho Leite dava a sua saudação e tocou na sequência o tema "Bons Tempos", com toda a turma da Cidade. Uma música feita por uma banda de estúdio, que mais tarde viria a ser o Roupa Nova.

Todos os locutores participaram da gravação feita nos estúdios da RCA, no Rio de Janeiro. Davam o seu melhor e faziam um "rap", ritmo que estava chegando às paradas americanas com a banda Chic.

A gente falava no ritmo da batida, anunciando que ali chegava uma nova mania.

A letra da música dizia: *"estou aqui pra dizer que a Cidade já chegou, é tempo de alegria e de muita animação, tá aí a emissora que você tanto esperou..."*

No dial, tinham poucas emissoras, e algumas se destacavam, umas mais que as outras. A Manchete FM tinha grandes nomes do rádio AM, como Sérgio Boca, César Foffá, entre outros. A Jovem Pan liderava a audiência, com programas gravados com Julinho Mazzei, Mike Nelson e vinhetas gravadas nos EUA, que davam uma cara de modernidade à emissora. A Bandeirantes era a rádio rock da época e curiosamente ainda transmitia em mono, mas já tinha locutores famosos como o Índio e Tavinho Seschi.

No meio de todo este universo, a rádio Cidade era a única que tinha locutores/operadores, uma novidade para a época.

Isto permitia que os apresentadores ficassem mais à vontade no estúdio e os ouvintes corresponderam à novidade, levando em pouco tempo a emissora ao primeiro lugar na audiência.

Em meio ao sucesso que a Cidade estava fazendo, em 1981, dois fatos marcariam para sempre a minha vida. O primeiro foi o nascimento da minha filha Samantha. A mãe Margaret e eu , muito jovens e inexperientes nessa época, resolvemos que nossa filha iria nascer no interior, ao lado de nossa família.

Fizemos o acompanhamento pré-natal e ficou marcado para o mês de julho o nascimento. Meu diretor me deu alguns dias de folga e lá fomos pro interior.

Tudo combinado, menos com o bebê, que resolveu não nascer no prazo estipulado.

Tive que voltar pra capital, mas, pra minha surpresa, mal acordei naquele 14 de agosto, pronto pra ir apresentar meu horário na Cidade, quando o Bob Floriano chegou em casa dizendo que ligaram do interior e fizeram um pedido: que ele me levasse até o aeroporto, pois minha filha iria nascer, e tinha a incumbência de não deixar que eu fosse de carro.

No guichê de Congonhas, fui informado que o próximo voo sairia só à tarde. Então me dei conta de que, se eu fosse de carro, chegaria antes. Mal entrei na Anhanguera e fui parado pela polícia, por excesso de velocidade.

Tentei explicar que minha filha estava por nascer e queria chegar rápido. O policial até que foi legal. Mas deu sermão e disse que se eu fosse rápido assim talvez ela já nascesse sem pai.

Mas disse: "te compreendo", dê carona pra este nosso companheiro e se tiver algum problema ele te ajudará. E fomos juntos até Ribeirão Preto.

De lá pra São Joaquim foi um pulo, mas cheguei na maternidade ela já estava no berçário, com direito a lacinho no cabelo e tudo o mais.

Na minha volta à Cidade FM, toquei Isn"t she lovely?, do Stevie Wonder, que também teve a mesma emoção do nascimento da primeira filha e ele transformou aquele momento na música "Ela não é uma gracinha?"

Anos mais tarde, um amigo que era ouvinte me mostrou a gravação daquele dia. Eu me emocionei e continuo a perguntar: Isn't she lovely?

A outra emoção foi a vinda do Queen ao Brasil. O nosso país não estava na rota dos grandes shows. Mas eles vieram.

Fizemos uma grande cobertura, que virou um "case" no jornalismo, pois éramos desprovidos de infraestrutura necessária. Mesmo assim nós locutores, munidos de fichas e mais fichas telefônicas, fomos pras ruas, e pelos orelhões fomos informando quem estava indo pro show: o melhor caminho, a passagem de som etc.

Paulinho Leite estava transmitindo de uma cabine improvisada no estádio. Foi emocionante, mas não mais que a entrevista concedida pelo Freddie Mercury nos nossos estúdios. Avisei minha esposa, que era fã, e ela foi pra Paulista. Fui pegá-la na garagem do prédio e, quando entramos no elevador, lá estava ele, o próprio Fred em pessoa. Ele nos cumprimentou e fomos até o andar da rádio. Foi uma eternidade e guardo cada detalhe dessa lembrança.

Cesar Rosa e sua
filha Samantha
em 1982

Paulinho Leite entrevista Freddie Mercury no estúdio da Cidade

CAPÍTULO 10

O FM SE EXPANDE

Não demorou muito tempo e fui convidado, ao lado de outros locutores, para mudar de rádio: e fomos para a Jovem Pan 2.

Foi uma nova fase do FM em São Paulo.

O que já estava bom foi melhorado. O filho do dono da rádio, além de diretor/coordenador artístico, era também uma das atrações da rádio. O Tutinha trouxe para a FM sua experiência e o ritmo da AM. Mesclou todo o know-how do jornalismo com humor e muita música.

A vedete desta mistura foi Serginho Leite, que tinha experiência de humor no Show de Rádio, programa tradicional que era apresentado logo após o futebol.

Surgiu outro personagem: Djalma Jorge, com as inicias de D J (disck jóquei), mas que era a antítese dos apresentadores da época e tamanha irreverência só foi possível pelo fato dele ser apresentado pelo Tutinha, o dono da rádio.

O sucesso da rádio foi marcante e subiu novamente ao primeiro lugar.

Vários DJs passaram por ali. E as casas noturnas disputavam os locutores como atrativos em suas noitadas.

A audiência das rádios ficava concentrada na faixa horária das sete às dezenove horas e o Tutinha, querendo ampliar a audiência, criou uma nova faixa horária, das oito à meia noite: surgiu aí o São Paulo By Night e coube a mim a condução do programa.

Não demorou e eu senti que tinha feito a coisa certa em aceitar aquela missão. Até hoje ouço pessoas dizendo que começou a namorar ao som do programa.

O By Night tocava baladas e flash backs e costurando isso tinha participação de ouvintes, tradução de músicas, sem perder o charme do estilo imposto pela programação da Jovem Pan.

O sucesso foi tão grande que outros programas surgiram com muito sucesso também em outras emissoras. O mais marcante foi apresentado por Sérgio Boca, na Globo FM: era a época do Good Times.

Apesar de ter apresentado outros estilos, este foi o que mais marcou a minha carreira no rádio, tanto que mais tarde eu retomaria a fórmula com Sweet Love na Band FM, Alpha By Night na Alpha FM e Cidade By Night em Lisboa...

Se por um lado a Rádio Cidade revolucionou o jeito de fazer rádio e a vida de muitos profissionais e ouvintes, coube à Jovem Pan 2 impor a segmentação no meio rádio.

Primeiro com a invasão inglesa, na qual bandas como U2, Duran Duran, The Cure, entre tantos outros, se juntaram aos brasileiros, Paralamas do Sucesso, Legião Urbana, RPM, Kid Abelha, Ultraje a Rigor: invadiram o dial.

Cada emissora ia encontrando o seu público. Na Band era a Black Music que imperava. Na Pool (hoje 89 FM), só tocava. Dance. Aquela mistura de estilos de músicas numa mesma emissora foi ficando para trás. Cada uma foi procurando o seu nicho e dando o melhor para seus ouvintes nos seus segmentos.

Nesse período, a Pan se destacou pelas suas produções locais. Tinha um estúdio dedicado para as vinhetas e chamadas da rádio. Criou-se um estilo inspirado nas emissoras americanas.

A Z100 de Nova York dizia:

From the top of Empire State Building to New York - Z One Hundred

Na tradução para o Brasil virou:

Da avenida Paulista para toda São Paulo, JP2

Lá estávamos, o produtor Paulinho Alcorage, Emilio Surita e eu, fazendo as produções que iam ao ar e viravam sonho de consumo das emissoras pelo país.

De tal modo que todos queriam as suas versões das nossas vinhetas e encomendavam seus pedidos.

Lembro que uma das versões foi:

Do alto da serrinha pra toda Goiânia.

Plasticamente não nos soava muito bem, mas fez grande sucesso por lá.

Outra produção que surgiu nessa época foi mais uma das invencionices de Luiz Fernando Maglioca, o mago do rádio: os próprios artistas cantavam em suas músicas o nome da rádio e virou mania nacional.

Muitas emissoras começaram a copiar o estilo da Pan. Não tardou o Tutinha, que era sócio de uma empresa de shows, querendo fazer eventos no Brasil e os custos de shows internacionais ficando proibitivos, resolveu mudar o estilo musical da rádio para brega e assim facilitar as suas promoções. No Rio de Janeiro, O Dia FM chegava ao primeiro lugar com temas de novelas nacionais e internacionais de gosto popular. Coube a mim e ao Arnaldo Sacomani, recém-chegados à rádio, irmos ao Rio pra ouvir a tal rádio e copiar a fórmula.

Só a viagem já daria um capitulo inteiro. O Arnaldo não viajava de avião, então fomos de carro. No meio da Dutra, fomos parados pela polícia. Ele ficou apavorado, pois estava com a CNH vencida. Mas não era inspeção da polícia e sim um aviso: *se vocês estão indo pro Rio é melhor voltar, pois tem greve de caminhoneiros fechando o caminho. Ou então procurem outra estrada*.

Voltar não dava. Seguimos em frente, por caminhos alternativos. Nessa época nem sonhávamos com Waze ou Google Maps.

A viagem durou 12 horas. Foi produtiva, pois o Arnaldo listou todas as músicas bregas que conhecia, inclusive algumas de suas produções mais recentes.

No Rio, ficamos num quiosque de praia ouvindo a rádio. Mas como ninguém é de ferro rolavam uns mergulhos.

Foi aí que vi o Arnaldo levando o maior caldo, depois de ter sido revirado pelo mar revolto do Recreio dos Bandeirantes. Ele se recompôs, tirou um pente da sunga e veio ajeitando o cabelo, que tinha um lado maior que o outro, pra cobrir a calva que já aparecia naquela época.

No final de semana seguinte a rádio mudava a programação: as vinhetas, que antes valorizavam a invasão inglesa, agora descontruíam tudo.

E mais uma vez o Tutinha acertava, sendo novamente primeiro lugar em São Paulo.

Com o sucesso popular, fui convidado pra ir pro Sistema Globo de Rádio, que estava reformulando a sua FM: esta deixava de ser Excelsior FM e passava a ser Globo FM.

Aquele primeiro time de locutores da Cidade, nessa época, já estava espalhado por várias outras.

A Globo recrutou locutores de muitas rádios: da Pan, fomos eu e Paulinho Leite, da Band, o Arnaldo Oliveira, o Índio, da Manchete, o Carlinhos Bentevi; da Record, Marcelo Zamarian.

Tivemos tratamento VIP, com anúncio na TV, eu fui alçado a júri do Chacrinha, com direito a Elke Maravilha me oferecendo bananas e o velho guerreiro perguntando:

Se você fosse casar, casaria com o França (que era locutor da Globo Rio) ou com o Cesar Rosa?

Claro que a menina disse que se casaria com o França, pois a minha imagem não tinha nada a ver com o príncipe a que minha voz induzia.

Mas o sonho durou pouco. A rádio não deslanchou e fui dispensado pela primeira vez em minha carreira.

E só fui descobrir, mais tarde, que aquele contrato que eu assinara era de gaveta.

O diretor artístico da Antena Um era O Toni Lovato, que me chamou pra uma conversa.

Fui de imediato, mas quis o destino que eu presenciasse um acidente de moto em frente ao prédio da rádio, que ficava na Avenida Europa.

A pessoa que atropelou o motoqueiro estava mais preocupada com a reunião que ela tinha agendado do que com a pessoa que estava embaixo do seu carro.

Com uma força descomunal, levantamos o carro. Eu e meu amigo Antônio Batalha (*in memorian*) socorremos o rapaz. Ali mesmo decidi que deveria dar um tempo de São Paulo e voltei pra Ribeirão Preto.

De positivo nesta história foi que conheci ali o promoter e até hoje meu amigo Paulinho Azeitona, que trabalhava na Antena Um.

Fotos do estúdio da Jovem Pan 2

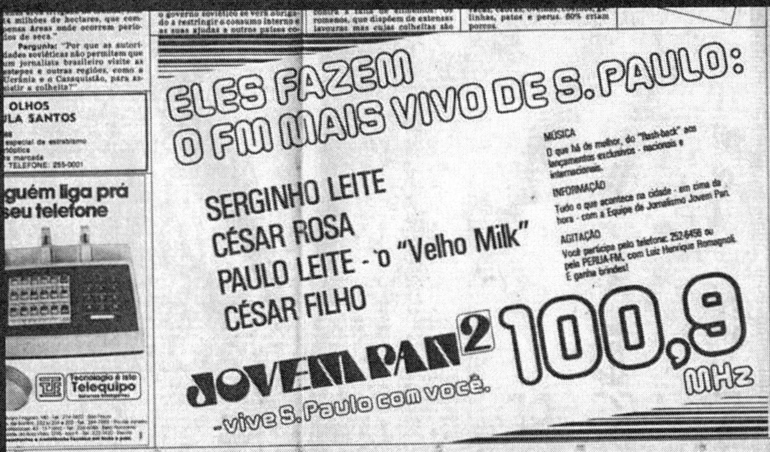

Anúncio da JP2 no Jornal da Tarde

CAPÍTULO 11

O ESTILO PAULISTANO VAI PARA O INTERIOR

No interior, as rádios assistiam à revolução na capital, mas ainda faziam o estilo do início dos anos 80.

Os irmãos Pizzani: José Inácio, que na época era do marketing da Levis, estava implantando a marca pelo interior e seu irmão mais novo vendo ali um bom negócio montava uma rede de lojas Levis.

Paulo, um apaixonado por rádio amador, Zé Inácio um marqueteiro, ficaram sabendo que a rádio em que eles anunciavam seus produtos estava à venda e fizeram uma proposta, que foi aceita.

Mas com uma condição, disse o dono da PRA7, tradicional emissora local: vendo o AM mas tem que levar o FM.

Dito e feito: nascia ali o Sistema Clube de Comunicação de Ribeirão preto.

Eu já os conhecia, pois tinha feito vinhetas na época da Pan para eles.

Aquela vinheta *"da Avenida Paulista", virou, "da Avenida 9 de Julho para toda Ribeirão".*

A rádio já retransmitia programas feitos em São Paulo. Então em uma conversa rápida acertei minha volta às origens.

E mais uma vez lá estava eu participando de uma inovação. O que era chamado de vitrolão começou a ter voz, seus locutores viraram referência regional.

Paulo transformou a tradicional rádio e lançou novos nomes na comunicação local e a sua FM, que veio de borla, virou em pouco tempo na maior audiência do interior.

Foi nesse período que nasceu o Gabriel, meu segundo filho, e foi repetido o mesmo ritual que já havia acontecido com o nascimento da minha filha Samantha, quando ainda estava na Rádio Cidade.

Foi uma festa no ar! Afinal eu os tive ainda muito jovem e eram os meus filhos uma espécie de "*mascotinhos*" da turma, já que ninguém dos colegas de trabalho tinha filhos. E os ouvintes também os adotaram: Samantha chegou até a fazer vinhetas com apenas dois aninhos de vida. Passado um tempo, recebi um telefonema do Tutinha, me chamando de volta para a Pan e assim voltei a trabalhar no Alto da Avenida Paulista.

Deixei mais uma vez bons amigos e boas lembranças, que trago até hoje. Sem falar na família, que me apoiou neste momento da minha vida. Aquilo que parecia que iria se tornar um período difícil virou algo ameno. Que o diga meu compadre Jaime, que batizou meu filho e a mim na vida madura.

No retorno a São Paulo, tinha uma rotina de trabalho prazerosa. Ia no final da tarde pra rádio, fazíamos vinhetas, descia e ia pro fliperama que ficava na galeria da rádio, brincava um pouco ali mesmo na galeria e depois subia pra esperar o final da Voz do Brasil e entrar no ar.

O locutor que fazia até as 19 horas era o Beto Rivera. Um certo dia o programador musical tinha que lançar umas músicas novas que tinham acabado de chegar.

Uma era pro Beto, que sem saber direito o que estava gravado no cartucho anunciou o que estava escrito à mão, pois pela pressa não deu tempo de etiquetar: *com vocês a nova música de Rosana, Totó*. Mas na verdade era a Banda TOTO e a música Rosana. Demos boas risadas.

Eu quis me antecipar e, já quase no final da Voz do Brasil, fui ouvir o que iria lançar, coloquei a música na cartucheira e acabei dormindo. Acabou o programa e fui acordado às pressas, fiz a maior bagunça no ar, duas músicas tocando ao mesmo tempo, voz de sono, sem saber o que fazer.

Fui suspenso por um dia, numa quinta-feira, e como estava de folga no final de semana, com a maior cara de pau, falei pro seu Tuta, o dono da rádio: *posso trocar pela sexta e assim emendo o final de semana?*

Ele falou vai e não precisa voltar, mas era figura de linguagem e eu levei a sério e não voltei.

Como resultado do mal-entendido, prolonguei as férias e fui trabalhar na Band FM, a convite do João Carlos Ribeiro, o Patrulheiro Joca, meu ex-colega de Jovem Pan que agora tinha sido alçado a diretor da emissora do Morumbi.

O Joca, segundo palavras do próprio, me colocou novamente nos eixos. Nesta época a Band era líder de audiência, com uma programação de black music e nascia ali o programa Sweet Love, que, além de liderar a audiência, lançou vários sucessos na época, sempre com o bom gosto do programador Junior Thonon. Ele enviava todas as noites os discos que seriam executados no programa, por meio de um portador, que mais tarde se transformaria no rapper Thayde. Ele deveria deixar os discos e ir embora, mas preferia ficar ali no estúdio e curtir as músicas.

As famosas equipes de baile, Chic Show, Black Mad e Zimbabwe tinham uma presença muito forte na programação da rádio e nós, os apresentadores, ganhávamos presença nos bailes.

Mais uma vez uma grande equipe tinha sido formada no rádio. Logo cedo, Pedro Luiz Ronco, que deixara a reportagem e seus inúmeros prêmios como jornalista pra apresentar ao lado do Patrulheiro Joca o programa mais longevo do rádio Brasileiro: a Hora do Ronco. Esse programa nasceu de um a brincadeira no ar do apresentador Joca e do repórter Ronco, que fazia o seu boletim sobre trânsito no FM.

O Joca, sentindo o potencial humorístico do Ronco, estimulava brincadeiras e este pedia músicas alegres, diferente da programação da rádio, daí o nome a hora do Ronco. Foi nesse programa a primeira execução dos Mamonas Assassinas.

Gladys Xavier, que partiu tão cedo, fora do combinado, vítima de H1N1, e seu Band Brasil ao lado de Bene Alves continuava a liderança nas manhãs. Banana agitava as tardes. O Café com bobagem trazia mais humor na hora do rush. E à noite o Celsinho Portioli comandava a rádio: logo depois eu apresentava o Sweet Love.

Tive duas experiências muito marcantes nesta época. Uma foi me tornar professor no primeiro curso de rádio no Senac, onde tive oportunidade de ministrar aulas para grandes nomes do rádio atual: José Américo, Paulinho Ribeiro, Rui Bala, Roberto Raiz, Luiz Laffey, entre outros. De alunos viramos colegas e amigos.

A outra foi montarmos a primeira produtora de conteúdo para emissoras de rádio. Numa parceria entre Eduardo Barbeti, amigo de longa data, produzimos e comercializamos vinhetas, jingles, programas, programação e quadros de humor para várias emissoras.

No estúdio da Globo FM

Na discoteca da Jovem Pan

Em Pé: Arnaldo Sacomani, Emilio Surita, Monica Venerabile, Gino Vaneli, Simone, Sebastião, Edimėia e Cesar Rosa

CAPÍTULO 12

A TRAVESSIA DO ATLÂNTICO

Anos mais tarde, quis o destino que viesse a nossa produtora uma simpática senhora portuguesa, Dona Margarida, a sócia da Rádio Cidade de Portugal. Ela veio comprar nossas produções e acabou por contratar a mim e ao Eduardo para irmos para Portugal e reinaugurar A Cidade, que estava em processo de montagem em Lisboa.

Por uma falha na legislação sobre a radiodifusão portuguesa, várias emissoras começaram a funcionar em Portugal, sem a devida concessão. E foi nesse período que surgiu a Rádio Cidade de Lisboa.

Em comum com a rádio brasileira, somente a paixão e a saudade dos tempos vividos no Brasil, por aquela família portuguesa.

Dona Margarida e o Senhor Rui Duarte tiveram dois filhos em Portugal, que foram criados no Rio Janeiro. Cresceram ouvindo rádios cariocas e, como todo jovem da época, se apaixonaram por aquela emissora que revolucionou o dial carioca.

Depois de muitos anos trabalhando no Brasil, voltaram para a terrinha. Pra matar a saudade, Ruizinho, o filho mais velho, montou uma equipe de som e começou a fazer bailinhos, com o nome de Cidade. Usava as mesmas vinhetas e estilo de música e apresentação da rádio do Rio.

Pra facilitar o trabalho, acrescentou ao equipamento um pequeno transmissor, que transmitia o som da viatura para o local da festa.

A malta, como se diz por lá, identificou-se com aquele som e sintonizava nas redondezas dos bailes aquele som. E daí, pra se transformar na Rádio Cidade de Lisboa, foi um pulo.

Em pouco tempo ela chegava ao topo da audiência. E isso incomodou os legisladores, que trataram logo de criar legislação para regular o dial, que a esta altura já estava povoado de pequenas emissoras.

Neste período, a Cidade teve que sair do ar, mas o sucesso era tanto que mesmo fora do ar ela se mantinha no top.

Foi marcado para a primavera de 1989 a reinauguração da rádio.

A dona Margarida, sócia da emissora, veio ao Brasil para comprar novas produções de vinhetas, músicas e contratar locutores, já que a rádio era conhecida pelo sotaque brasileiro

Antes dela se oficializar no ar, havia um rodízio muito grande de pessoas na rádio. Bastava ter boa vontade que lá estava o Ruizinho, ensinando como se deveria fazer a rádio e pronto: aquele visitante se transformava num apresentador.

Depois tinham que se profissionalizar. Foi aí que eu e Eduardo Barbeti recebemos em nossa produtora aquela simpática senhora, que foi encomendar nossas produções e acabamos por ser convidados a ir para Portugal, preparar a reestreia da Cidade.

Pedi afastamento temporário da Band e do Senac e fui. Eu me apaixonei pelo país. Depois de 3 meses, retornei ao Brasil e me mudei em definitivo com a família para Lisboa.

Foi um período muito proveitoso e hoje só lembramos de coisas boas, mas tivemos momentos tensos também. Os costumes eram muito diferentes e a saudade batia forte. Pra você ter uma ideia, nos emocionávamos até quando bebíamos guaraná ou comíamos alguma comida brasileira.

Como era tudo muito próximo, nos divertíamos fazendo viagens. Foi muito produtivo, pois conhecemos também outros países.

Para não perder o contato com o Brasil, começamos a fazer um programa que enviávamos para a Band em São Paulo e esta distribuía para outras emissoras.

Nascia aí o Conexão Europa, que faço até hoje, com a ajuda de correspondentes e boas músicas europeias.

Fiz nesta época uma versão lusitana do By Night e surgiu o Cidade B Night, nos mesmos moldes do programa paulista. Fez bastante sucesso, lançamos discos e tem até hoje uma comunidade no Facebook que troca trechos do programa.

O que fizemos lá foi repetir fórmulas testadas em outras emissoras brasileiras. Uma verdadeira colcha de retalhos que deu certo.

O dono da rádio era apaixonado por esportes, então, em meio às músicas, tínhamos transmissão de futebol, com o Benfica disputando a copa da Uefa, Fórmula Um, pois o Senna estava no auge. Fiz muitos amigos que guardo até hoje.

Muitos deles vindos do Rio de Janeiro, que também estavam desgostosos com os desmandos políticos da época e foram respirar outros ares além mar.

Tive oportunidade de levar pra lá alguns ex-alunos, que deixaram boas marcas no ar.

Meus filhos, ainda pequenos, pegaram um pouco do sotaque português. Um dia, num passeio ao Cabo da Roca, o ponto mais avançado no oceano Atlântico, meu filho disse: *se eu for nadando consigo chegar ao Brasil?*

Aquilo bateu forte e depois de um ano letivo eu os trouxe de volta pro Brasil.

Tirei um ano sabático na minha volta para o interior de São Paulo. Neste período, voltei algumas vezes a Lisboa, mas sempre num bate e volta. Até o dia em que recebi um convite para voltar ao ar em São Paulo.

Vamos recordar alguns fatos de 1989, ano de re-estreia da Cidade em Lisboa

O Ministro da Fazenda Maílson da Nóbrega lança o Plano Verão e uma nova moeda no país: o cruzado novo (NCz$).

- *Em São Paulo, é inaugurado o Memorial da América Latina, um projeto arquitetônico de Oscar Niemeyer.*
- *Palmas, capital do estado de Tocantins, é fundada.*
- *O piloto Emerson Fittipaldi conquista o título de Fórmula Indy, ao vencer o Grande Prêmio de Nazareth, na Pensilvânia, Estados Unidos.*
- *Presidente José Sarney sanciona a lei do divórcio, que reduz o prazo de separação.*
- *São realizadas as primeiras eleições presidenciais diretas desde 1960.*
- *Fernando Collor de Mello e Luiz Inácio Lula da Silva passam para o segundo turno da eleição presidencial.*
- *Fernando Collor de Mello é eleito o 32° presidente do Brasil, derrotando Luiz Inácio Lula da Silva na eleição presidencial.*
- *Os sequestradores do empresário brasileiro Abílio Diniz entregam-se e o libertam na zona sul da cidade de São Paulo.*

- *Morrem o poeta e músico Raul Seixas, Dina Sfat, grande atriz de televisão, cinema e teatro, Nara Leão, cantora brasileira, Luiz Gonzaga, compositor e cantor popular brasileiro.*
- *O Exército chinês enfrentou, na praça da Paz Celestial, em Pequim, estudantes e trabalhadores que protestavam pela democracia no país.*
- *Naufrágio do Bateau Mouche, durante réveillon na praia de Copacabana, Rio de Janeiro, matando 55 das 142 pessoas a bordo.*

Alguns sucessos na música nesse ano:

- *Aerosmith – Janie's Got A Gun.*
- *A-Ha – Touchy!*
- *Beto Barbosa - Adocica.*
- *Cazuza – O tempo não para,*
- *Cyndi Lauper – I Drove All Night.*
- *Djavan - Oceano.*
- *Engenheiros do Hawai – Infinita Highway.*
- *Erasure – A Little Respect.*
- *Fafá de Belém – Amor Cigano.*
- *Freddie Mercury & Montserrat Caballé – How Can I Go On?*

- *Gipsy Kings – Djobi, Djoba.*
- *Gladys Knight – License To Kill.*
- *Legião Urbana – Quando o sol bater na janela do teu quarto.*
- *Madonna – Like A Prayer.*
- *Martika – Toy Soldiers.*
- *Michael Jackson – Smooth Criminal.*
- *Roy Orbison – You Got It.*
- *Simply Red – If You Don't Know Me By Now.*
- *Tears For Fears – Sowing The Seeds Of Love*

Em pé - Keneddy, Luizão Chic Show, Lizandro Antonio, Edy Magrão, Capa, Ronco, Junior Thonon, Pablo, Maruicio Black Mad, Glen Jones

Agachado : Romeu Giosa, Verta, Willian Zimbabwe, Irai Campos, Cesar Rosa e Julinho Mazzey

Foto para capa do Disco da Band FM

Da esquerda para a direita, no alto: Edy Magrão, Lizandro, Celso Portioli, Keneddy, Cesar Rosa, Irai Campos, Itamar, Capa, Leandro Rezende, Joca, Cleide, Braga, Vizú e Banana

Cobertura da F! na Band FM Eduardo Barbetti, Ives Andaku e Cesar Rosa

Cesar Schumacher e Yves

Na GP da Alemanha

GP da França

CAPÍTULO 13

SÃO PAULO, O PORTO SEGURO

Lá estava eu de volta à Band FM, agora sob o comando de Acácio Luiz Costa, que estava desenvolvendo o projeto Band Sat, uma rede de rádios pelo Brasil com programação gerada em São Paulo.

Aprendi muito nessa fase, pois o Acácio proporcionou vários treinamentos e workshops com a equipe. E, ao lado do Roberto Rampazio, o Betinho do Axé Band, formatamos o que seria a Band FM nos próximos anos.

De apresentador virei coordenador de expansão da rede. Viajei pelo Brasil, levando o projeto a várias novas praças. Até que uma emissora da rede passou por alguns problemas e eu fui escalado para tentar resolver a situação.

Surgia em minha vida um novo desafio. De locutor apresentador passei a ser executivo de rádio e fui dirigir a Band FM de Araraquara. Fiquei nesta função por 5 anos e, como já tinha fincado pé novamente no interior, ali fiquei por mais uma década.

O trabalho de implantação da marca Band FM na cidade foi fácil e gratificante. Em pouco tempo a rádio liderava a audiência. A concorrência não imaginava que uma rádio com programação em rede pudesse alçar voos tão altos.

Coloquei em prática tudo o que havia aprendido na Rede. Fizemos shows exclusivos, promoções, enfim a Band marcava o seu território.

Conseguimos formar uma equipe fantástica, com alguns remanescentes e novos contratados, vindos de outras cidades, com vontade de crescer profissionalmente.

Com alguns eu já tinha trabalhado numa rádio que montamos em São Joaquim da Barra, que, de tão bem feita que era, muitos duvidavam que ela fosse pirata.

Depois de algum tempo no ar, foi lacrada pela PF, para tristeza dos ouvintes e das pessoas ali envolvidas.

Logo da minha saída do grupo Bandeirantes, fiquei na cidade de Araraquara. Meus filhos estavam se formando e ali permaneci. Eu também voltei aos bancos da faculdade e me bacharelei em direito.

Tive experiências muito proveitosas em outros veículos, inclusive na TV, com o programa Casa e Cia, que ia ao ar por tv a cabo. Esse programa me deu uma boa visibilidade no mercado, com cobertura de eventos como Casa Cor, um ícone do segmento.

Fora do rádio, mas não da comunicação, depois de fazer programas políticos, fui convidado para ser cerimonialista do candidato vencedor.

Um certo dia recebi a visita de um amigo proprietário de uma emissora de rádio na região, a Canal Um. Vanderlei Marsico acabara de ganhar a concessão de um canal de FM numa cidade ao lado de Araraquara: proposta feita e aceita; montamos um projeto de rádio com programação adulta pra região.

Em homenagem aos bons tempos, passou a se chamar Cidade FM. Durou até o momento em que o Vanderley aceitou uma proposta irrecusável de uma igreja e a rádio virou evangélica.

Desfiz o projeto e mantive a amizade e o vínculo com os funcionários, que viraram grandes amigos.

Entre eles Mário Maghou, programador, hoje em Ribeirão Preto, Cezinha Thomaz, hoje na Pan, Adriana Sheldon, locutora, hoje psicóloga em Sorocaba, Robson Ramos, na Band SP, entre tantos outros.

Pensava eu que ali iria viver para sempre, tanto que no projeto da minha casa construí até um estúdio de áudio.

Joseval Peixoto e Cesar no Jornal da Manhã

Cesar nos estúdios da Panflix

Mais uma vez receberia uma ligação de São Paulo: era um convite para voltar para a Jovem Pan.

O Marcelo Eduardo, então coordenador da Jovem Pan, me convidou para integrar a equipe de locutores da emissora.

Aceitei o convite e vim para São Paulo acertar detalhes da minha volta à capital e ficamos hospedados na casa do amigo e irmão Hélvio onde fomos recepcionados com um champanhe que ela guardara para uma ocasião especial.

Voila, tin tin. Estava selado o meu retorno.

E, no inicio de 2015, eu chegava novamente à avenida Paulista, desta vez para apresentar o Jornal da Manhã.

A música dizia "vambora, vambora, olha a hora, vambora..."

FIM

CAPÍTULO 14

...DO FUNDO DO BAÚ!

Quando terminamos a curadoria das fotos que estariam no livro, muitas outras foram surgindo. Resolvi compartilhar mais algumas lembranças com você.

Turma de formandos do Senac em 82

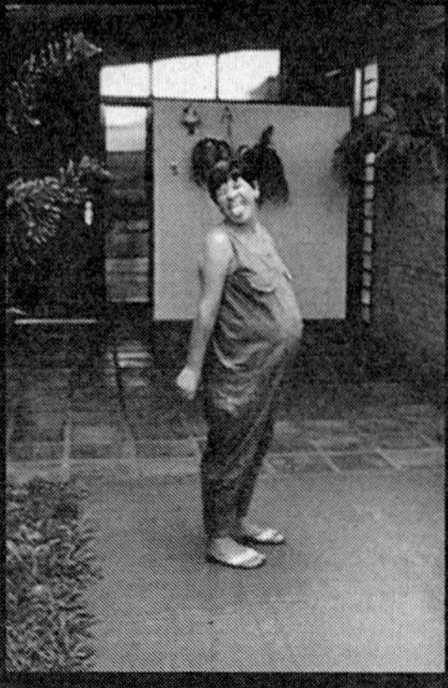

Brinde ao retorno a São Paulo, com Carol, Hélvio, Cesar e Margaret

Margaret grávida de Gabriel, em Ribeirão Preto

Os Rosa: Gabriel, Samantha, Margaret e Cesar

Edicarlos Barros (Salsicha) e Cesar em frente a Rádio Cidade/Lisboa

Reunião de radialista amigos na visita do Velho Milk ao Brasil: os locutores Sergio Roberto, Antônio Viviane, Paulinho Leite, Augusto Batalha, o eterno Samir Razuk, Luiz Henrique Romangnoli, Cesar Rosa, Luiz Fernando Maglioca, Fernando Gaspareto e sua filha Giulianna Gasparetto

Mochilão Europeu: Museu de Versalhes e eu desviando dos canhões

Troca de horário na Cidade FM entre Paulinho Leite e Cesar Rosa

Rádio Cidade Lisboa, Gabriel ao centro, da esquerda para a direita, Sergio Perdigão, Adriana Sheldon, Anselmo, Cesar, Herval, Selma Boiron, ao centro Ruizinho.

Brincando na Neve da Serra da Estrela, Portugal

Equipe Rádio Cidade em São Joaquim da Barra, anos 90

Valmir Moreira, André (in memorian) Cesar, Wellington, Marcos Mazzey e Teko

Equipe Band FM Araraquara, 2001

Cesar, Adriano, Natália, André, Edinho, Miro, Augusto, Carlinhos, Nayn, Valmir, JP e Beto Campos